Europäische Kommission

Delegierte Verordnung (EU) Nr. 1421/2013 der Kommission vom 30. Oktober 2013

zur Änderung der Anhänge I, II und IV der Verordnung (EU) Nr. 978/2012 des Europäischen Parlaments und des Rates über ein Schema allgemeiner Zollpräferenzen

Antiphon Verlag

Europäische Kommission

Delegierte Verordnung (EU) Nr. 1421/2013 der Kommission vom 30. Oktober 2013

zur Änderung der Anhänge I, II und IV der Verordnung (EU) Nr. 978/2012 des Europäischen Parlaments und des Rates über ein Schema allgemeiner Zollpräferenzen

1. Auflage 2026 | ISBN: 978-3-38798-708-9

Antiphon Verlag ist ein Imprint der Antiquum Novum Verlag.

Verlag: Antiquum Novum Verlag UG (haftungsbeschränkt), Im Erlengrund 6a, 35510 Butzbach, Deutschland, info@antiquum-novum.de
Vertretungsberechtigt: E. Roepke, Zeilweg 44, 60439 Frankfurt, Deutschland
Druck: Libri Plureos GmbH, Friedensallee 273, 22763 Hamburg, Deutschland

II

(Rechtsakte ohne Gesetzescharakter)

VERORDNUNGEN

DELEGIERTE VERORDNUNG (EU) Nr. 1421/2013 DER KOMMISSION

vom 30. Oktober 2013

zur Änderung der Anhänge I, II und IV der Verordnung (EU) Nr. 978/2012 des Europäischen Parlaments und des Rates über ein Schema allgemeiner Zollpräferenzen

DIE EUROPÄISCHE KOMMISSION —

gestützt auf den Vertrag über die Arbeitsweise der Europäischen Union,

gestützt auf die Verordnung (EU) Nr. 978/2012 des Europäischen Parlaments und des Rates vom 25. Oktober 2012 über ein Schema allgemeiner Zollpräferenzen und zur Aufhebung der Verordnung (EG) Nr. 732/2008 des Rates ([1]), insbesondere auf Artikel 3 Absatz 2, Artikel 5 Absatz 3 und Artikel 17 Absatz 2,

in Erwägung nachstehender Gründe:

(1) Artikel 3 der Verordnung (EU) Nr. 978/2012 sieht vor, dass in einer Liste der förderfähigen Länder die Änderungen des internationalen Status oder der internationalen Klassifizierung von Ländern Berücksichtigung finden. Anhang I jener Verordnung enthält eine Liste der förderfähigen Länder.

(2) In Artikel 4 der Verordnung (EU) Nr. 978/2012 werden die Kriterien für die Gewährung von Zollpräferenzen im Rahmen der allgemeinen Regelung des Allgemeinen Präferenzsystems (APS) festgelegt. Entsprechend diesen Kriterien sollte ein Land, das von der Weltbank in drei aufeinanderfolgenden Jahren als ein Land mit hohem Einkommen oder als ein Land mit mittlerem Einkommen/obere Einkommenskategorie eingestuft wurde, nicht in den Genuss dieser Präferenzen kommen. Anhang II jener Verordnung enthält die Liste der nach der allgemeinen Regelung des APS begünstigten Länder.

(3) Artikel 17 Absatz 1 der Verordnung (EU) Nr. 978/2012 sieht vor, dass ein Land, das von den Vereinten Nationen in die Kategorie der am wenigsten entwickelten Länder eingestuft wurde, in den Genuss der Zollpräferenzen aus der Sonderregelung für die am wenigsten entwickelten Länder (EBA) kommen sollte. Anhang IV jener Verordnung enthält eine Liste der EBA-begünstigten Länder.

(4) Die Republik Kroatien („Kroatien") ist der Europäischen Union mit Wirkung vom 1. Juli 2013 beigetreten. Daher sollte Kroatien aus Anhang I gestrichen werden.

(5) Die Republik Südsudan („Südsudan") ist ein unabhängiger Staat geworden. Am 14. Juli 2011 wurde Südsudan mit der Annahme der Entschließung A/RES/65/308 durch die Generalversammlung der Vereinten Nationen zum Mitglied der Vereinten Nationen. Am 18. Dezember 2012 wurde Südsudan mit der Annahme der Entschließung A/RES/67/136 durch die Generalversammlung der Vereinten Nationen auf die Liste der am wenigsten entwickelten Länder gesetzt. Daher sollte Südsudan in Anhang I, Anhang II und Anhang IV aufgenommen werden.

(6) Mit der Verordnung (EU) Nr. 607/2013 des Europäischen Parlaments und des Rates vom 12. Juni 2013 zur Aufhebung der Verordnung (EG) Nr. 552/97 des Rates zur vorübergehenden Rücknahme der allgemeinen Zollpräferenzen für Waren aus Myanmar/Birma ([2]) wurde die vorübergehende Rücknahme der Zollpräferenzen im Rahmen des Allgemeinen Präferenzsystems (APS) für Waren aus Myanmar/Birma aufgehoben. Daher sollte Myanmar/Birma aus der Tabelle in Anhang I „Förderfähige Länder des Schemas nach Artikel 3, die vorübergehend für alle oder bestimmte Waren mit Ursprung im jeweiligen Land von dem Schema ausgenommen sind", aus der Tabelle in Anhang II „Länder, die nach der allgemeinen Regelung nach Artikel 1 Absatz 2 Buchstabe a begünstigt, aber für alle oder bestimmte Waren mit Ursprung im jeweiligen Land vorübergehend von dieser Regelung ausgenommen sind" und aus der Tabelle in Anhang IV „Länder, die nach der Sonderregelung für die am wenigsten entwickelten Länder nach Artikel 1 Absatz 2 Buchstabe c begünstigt, aber für alle oder bestimmte Waren mit Ursprung im jeweiligen Land vorübergehend von dieser Regelung ausgenommen sind" gestrichen werden.

([1]) ABl. L 303 vom 31.10.2012, S. 1.

([2]) ABl. L 181 vom 29.6.2013, S. 13.

(7) Die Volksrepublik China („China"), die Republik Ecuador („Ecuador"), die Republik Malediven („Malediven") und das Königreich Thailand („Thailand") wurden von der Weltbank 2011, 2012 und 2013 als Länder mit mittlerem Einkommen/obere Einkommenskategorie eingestuft. Dementsprechend sollten China, Ecuador, Malediven und Thailand ein Jahr nach dem Inkrafttreten der vorliegenden Verordnung aus dem Anhang II gestrichen werden.

(8) Die Verordnung (EU) Nr. 1127/2010 der Kommission [1] legt einen Übergangszeitraum von drei Jahren für die Streichung von Malediven von der Liste der im Rahmen der Sonderregelung für die am wenigsten entwickelten Länder begünstigten Länder (Everything But Arms (EBA) — Alles außer Waffen) fest und sieht die Streichung von Malediven von der Liste der EBA-begünstigten Länder mit Wirkung vom 1. Januar 2014 vor. Daher sollte Malediven aus Anhang IV gestrichen werden.

(9) Artikel 5 Absatz 2 der APS-Verordnung räumt einem APS-begünstigten Land und den Wirtschaftsbeteiligten ausreichend Zeit für die erforderlichen Anpassungen aufgrund der Änderung des Status des Landes im Rahmen des Schemas ein. Dieser Zeitraum sollte für jedes betroffene APS-begünstigte Land im jeweiligen Anhang der Verordnung (EU) Nr. 978/2012 angegeben sein —

HAT FOLGENDE VERORDNUNG ERLASSEN:

Artikel 1

Die Verordnung (EU) Nr. 978/2012 wird wie folgt geändert:

1. Anhang I wird durch den Text in Anhang I der vorliegenden Verordnung ersetzt.

2. Anhang II wird durch den Text in Anhang II der vorliegenden Verordnung ersetzt.

3. Anhang IV wird durch den Text in Anhang III der vorliegenden Verordnung ersetzt.

Artikel 2

Diese Verordnung tritt am 1. Januar 2014 in Kraft.

Diese Verordnung ist in allen ihren Teilen verbindlich und gilt unmittelbar in jedem Mitgliedstaat.

Brüssel, den 30. Oktober 2013

Für die Kommission

Der Präsident

José Manuel BARROSO

---

[1] Verordnung (EU) Nr. 1127/2010 der Kommission vom 3. Dezember 2010 zur Festlegung eines Übergangszeitraums für die Streichung der Republik Malediven von der Liste der im Rahmen der Sonderregelung für die am wenigsten entwickelten Länder begünstigten Länder nach Maßgabe der Verordnung (EG) Nr. 732/2008 des Rates über ein Schema allgemeiner Zollpräferenzen für den Zeitraum vom 1. Januar 2009 bis 31. Dezember 2011 (ABl. L 318 vom 4.12.2010, S. 15).

ANHANG I

„ANHANG I

Förderfähige Länder (1) des Schemas nach Artikel 3

Spalte A: alphabetischer Code gemäß dem Verzeichnis der Länder und Gebiete für die Statistik des Außenhandels der Union

Spalte B: Name

A	B
AE	Vereinigte Arabische Emirate
AF	Afghanistan
AG	Antigua und Barbuda
AL	Albanien
AM	Armenien
AO	Angola
AR	Argentinien
AZ	Aserbaidschan
BA	Bosnien und Herzegowina
BB	Barbados
BD	Bangladesch
BF	Burkina Faso
BH	Bahrain
BI	Burundi
BJ	Benin
BN	Brunei Darussalam
BO	Bolivien
BR	Brasilien
BS	Bahamas
BT	Bhutan
BW	Botsuana
BY	Belarus
BZ	Belize

(1) Diese Liste enthält auch Länder, deren Präferenzbehandlung möglicherweise vorübergehend zurückgenommen wurde oder ausgesetzt ist. Die Kommission oder die zuständigen Behörden des betreffenden Landes können eine aktualisierte Liste zur Verfügung stellen.

A	B
CD	Demokratische Republik Kongo
CF	Zentralafrikanische Republik
CG	Kongo
CI	Côte d'Ivoire
CK	Cookinseln
CL	Chile
CM	Kamerun
CN	China
CO	Kolumbien
CR	Costa Rica
CU	Kuba
CV	Kap Verde
DJ	Dschibuti
DM	Dominica
DO	Dominikanische Republik
DZ	Algerien
EC	Ecuador
EG	Ägypten
ER	Eritrea
ET	Äthiopien
FJ	Fidschi
FM	Mikronesien
GA	Gabun
GD	Grenada
GE	Georgien
GH	Ghana
GM	Gambia
GN	Guinea

A	B
GQ	Äquatorialguinea
GT	Guatemala
GW	Guinea-Bissau
GY	Guyana
HK	Hongkong
HN	Honduras
HT	Haiti
ID	Indonesien
IN	Indien
IQ	Irak
IR	Iran
JM	Jamaika
JO	Jordanien
KE	Kenia
KG	Kirgisistan
KH	Kambodscha
KI	Kiribati
KM	Komoren
KN	St. Kitts und Nevis
KW	Kuwait
KZ	Kasachstan
LA	Laos
LB	Libanon
LC	St. Lucia
LK	Sri Lanka
LR	Liberia
LS	Lesotho
LY	Libyen

A	B
MA	Marokko
MD	Republik Moldau
ME	Montenegro
MG	Madagaskar
MH	Marshallinseln
MK	Ehemalige jugoslawische Republik Mazedonien
ML	Mali
MM	Myanmar/Birma
MN	Mongolei
MO	Macau
MR	Mauretanien
MU	Mauritius
MV	Malediven
MW	Malawi
MX	Mexiko
MY	Malaysia
MZ	Mosambik
NA	Namibia
NE	Niger
NG	Nigeria
NI	Nicaragua
NP	Nepal
NR	Nauru
NU	Niue
OM	Oman
PA	Panama
PE	Peru
PG	Papua-Neuguinea

A	B
PH	Philippinen
PK	Pakistan
PW	Palau
PY	Paraguay
QA	Katar
RU	Russland
RW	Ruanda
SA	Saudi-Arabien
SB	Salomonen
SC	Seychellen
SD	Sudan
SL	Sierra Leone
SN	Senegal
SO	Somalia
SR	Suriname
SS	Südsudan
ST	São Tomé und Príncipe
SV	El Salvador
SY	Syrien
SZ	Swasiland
TD	Tschad
TG	Togo
TH	Thailand
TJ	Tadschikistan
TL	Timor-Leste
TM	Turkmenistan
TN	Tunesien
TO	Tonga

A	B
TT	Trinidad und Tobago
TV	Tuvalu
TZ	Tansania
UA	Ukraine
UG	Uganda
UY	Uruguay
UZ	Usbekistan
VC	St. Vincent und die Grenadinen
VE	Venezuela
VN	Vietnam
VU	Vanuatu
WS	Samoa
XK	Kosovo [1]
XS	Serbien
YE	Jemen
ZA	Südafrika
ZM	Sambia
ZW	Simbabwe

(1) Diese Bezeichnung berührt nicht die Standpunkte zum Status und steht im Einklang mit der Entschließung 1244 (1999) des VN-Sicherheitsrates und dem Gutachten des Internationalen Gerichtshofs zur Unabhängigkeitserklärung des Kosovos.

Förderfähige Länder des Schemas nach Artikel 3, die vorübergehend für alle oder bestimmte Waren mit Ursprung im jeweiligen Land von dem Schema ausgenommen sind

Spalte A: alphabetischer Code gemäß dem Verzeichnis der Länder und Gebiete für die Statistik des Außenhandels der Union

Spalte B: Name

A	B
BY	Belarus“

ANHANG II

„ANHANG II

Länder (1), die nach der allgemeinen Regelung nach Artikel 1 Absatz 2 Buchstabe a begünstigt sind

Spalte A: alphabetischer Code gemäß dem Verzeichnis der Länder und Gebiete für die Statistik des Außenhandels der Union

Spalte B: Name

A	B
AF	Afghanistan
AM	Armenien
AO	Angola
BD	Bangladesch
BF	Burkina Faso
BI	Burundi
BJ	Benin
BO	Bolivien
BT	Bhutan
CD	Demokratische Republik Kongo
CF	Zentralafrikanische Republik
CG	Kongo
CK	Cookinseln
CN	China (*)
CO	Kolumbien
CR	Costa Rica
CV	Kap Verde
DJ	Dschibuti
EC	Ecuador (*)
ER	Eritrea
ET	Äthiopien

(1) Diese Liste enthält auch Länder, deren Präferenzbehandlung möglicherweise vorübergehend zurückgenommen wurde oder ausgesetzt ist. Die Kommission oder die zuständigen Behörden des betreffenden Landes können eine aktualisierte Liste zur Verfügung stellen.

A	B
FM	Mikronesien
GE	Georgien
GM	Gambia
GN	Guinea
GQ	Äquatorialguinea
GT	Guatemala
GW	Guinea-Bissau
HN	Honduras
HT	Haiti
ID	Indonesien
IN	Indien
IQ	Irak
KG	Kirgisistan
KH	Kambodscha
KI	Kiribati
KM	Komoren
LA	Laos
LK	Sri Lanka
LR	Liberia
LS	Lesotho
MG	Madagaskar
MH	Marshallinseln
ML	Mali
MM	Myanmar/Birma
MN	Mongolei
MR	Mauretanien
MV	Malediven (*)

A	B
MW	Malawi
MZ	Mosambik
NE	Niger
NG	Nigeria
NI	Nicaragua
NP	Nepal
NR	Nauru
NU	Niue
PA	Panama
PE	Peru
PH	Philippinen
PK	Pakistan
PY	Paraguay
RW	Ruanda
SB	Salomonen
SD	Sudan
SL	Sierra Leone
SN	Senegal
SO	Somalia
SS	Südsudan
ST	São Tomé und Príncipe
SV	El Salvador
SY	Syrien
TD	Tschad
TG	Togo
TH	Thailand (*)
TJ	Tadschikistan
TL	Timor-Leste

A	B
TM	Turkmenistan
TO	Tonga
TV	Tuvalu
TZ	Tansania
UA	Ukraine.
UG	Uganda
UZ	Usbekistan
VN	Vietnam
VU	Vanuatu
WS	Samoa
YE	Jemen
ZM	Sambia

(*) Dieses begünstigte Land wird ein Jahr nach Inkrafttreten der vorliegenden Verordnung von der Liste der APS-begünstigten Länder gestrichen.

Länder, die nach der allgemeinen Regelung nach Artikel 1 Absatz 2 Buchstabe a begünstigt, aber für alle oder bestimmte Waren mit Ursprung im jeweiligen Land vorübergehend von dieser Regelung ausgenommen sind

Spalte A: alphabetischer Code gemäß dem Verzeichnis der Länder und Gebiete für die Statistik des Außenhandels der Union

Spalte B: Name

A	B“

ANHANG III

„ANHANG IV

Länder [1], die nach der Sonderregelung für die am wenigsten entwickelten Länder nach Artikel 1 Absatz 2 Buchstabe c begünstigt sind

Spalte A: alphabetischer Code gemäß dem Verzeichnis der Länder und Gebiete für die Statistik des Außenhandels der Union

Spalte B: Name

A	B
AF	Afghanistan
AO	Angola
BD	Bangladesch
BF	Burkina Faso
BI	Burundi
BJ	Benin
BT	Bhutan
CD	Demokratische Republik Kongo
CF	Zentralafrikanische Republik
DJ	Dschibuti
ER	Eritrea
ET	Äthiopien
GM	Gambia
GN	Guinea
GQ	Äquatorialguinea
GW	Guinea-Bissau
HT	Haiti
KH	Kambodscha
KI	Kiribati
KM	Komoren

[1] Diese Liste enthält auch Länder, deren Präferenzbehandlung möglicherweise vorübergehend zurückgenommen wurde oder ausgesetzt ist. Die Kommission oder die zuständigen Behörden des betreffenden Landes können eine aktualisierte Liste zur Verfügung stellen.

A	B
LA	Laos
LR	Liberia
LS	Lesotho
MG	Madagaskar
ML	Mali
MM	Myanmar/Birma
MR	Mauretanien
MW	Malawi
MZ	Mosambik
NE	Niger
NP	Nepal
RW	Ruanda
SB	Salomonen
SD	Sudan
SL	Sierra Leone
SN	Senegal
SO	Somalia
SS	Südsudan
ST	São Tomé und Príncipe
TD	Tschad
TG	Togo
TL	Timor-Leste
TV	Tuvalu
TZ	Tansania
UG	Uganda
VU	Vanuatu
WS	Samoa
YE	Jemen
ZM	Sambia

Länder, die nach der allgemeinen Regelung nach Artikel 1 Absatz 2 Buchstabe c begünstigt, aber für alle oder bestimmte Waren mit Ursprung im jeweiligen Land vorübergehend von dieser Regelung ausgenommen sind

Spalte A: alphabetischer Code gemäß dem Verzeichnis der Länder und Gebiete für die Statistik des Außenhandels der Union

Spalte B: Name

A	B“